シヅカ洋菓子店の
ビスケットと
焼き菓子

素材を生かした、深くやさしい味わい

栗原代奈
岡部弘

家の光協会

はじめに

　シヅカ洋菓子店 自然菓子研究所は、外出自粛が続くコロナ禍の2021年3月に誕生しました。

　未曽有のパンデミックは人々の行動を制限しましたが、皮肉にもそれがきっかけで都市の空気が澄みわたり青空が戻ってきた、海がきれいになったという報道を目にするようになりました。そんな背景もあり、わたしたちはこれからの未来、環境への負担が少ない、自然と調和したお菓子作りを通じて、サステナブルな社会の実現に貢献したいと、シヅカ洋菓子店を立ち上げたのです。

　開業から数年、たくさんの方々に支えられ今日に至りますが、理想の社会を実現するためにはまだまだ力不足です。このたび本書の出版に踏み切ったのも、シヅカ洋菓子店をより多くの方々に知っていただき、みなさまとともに大きな力となって、理想の実現に向けて進んでいけたらと考えたからです。

　シヅカとは「自束」――。自然の恵みを束ね形にする、という意味を込めて名づけました。

　わたしたちが考える自然と調和したお菓子とは、まず、膨大なエネルギーを消費しながら輸送されてくる外国産原料に頼らず、主材料はできるだけ国産のものであること。その中でも有機栽培や、できる限り農薬を使用しないサステナブルな取り組みを行っている農家さんの生産物を使用すること。そして、で

きるだけ余計な添加物を加えず、素材本来の香りやうまみを最大限に表現する引き算のお菓子であることを大事にしています。本書では、ご家庭でもこの自然と調和したお菓子を作ることができるよう、できるだけわかりやすいレシピにアレンジしてまとめました。

　シヅカ洋菓子店には、「No.1 Shizuka Biscuit」というクッキー缶があります。これは、国産はちみつを使用したやさしい甘さのハニービスケット、有機和紅茶の甘い香りただよう紅茶ビスケット、北海道産小麦の全粒粉と鹿児島県産きび糖を使用したざくざくした食感の全粒粉ビスケットなど、シヅカ洋菓子店のお菓子の基礎となるビスケットで構成されています。本書では、これらをはじめ、お店で人気のビスケットや焼き菓子を紹介しました。原材料の配合、混ぜ方や混ぜるタイミング、生地を寝かせる温度や時間、焼成温度や時間など、それぞれに細かくその工程を記しています。その工程を経て焼き上がったビスケットや焼き菓子は、絶妙な食感、香り、味わいをもつものになるはずです。
　ご自宅で小さなお子さまとご一緒に、ホームパーティーで上質なスイーツでのおもてなしに、心安らぐ至福のひとときに、本書をぜひお役立てください。

シヅカ洋菓子店

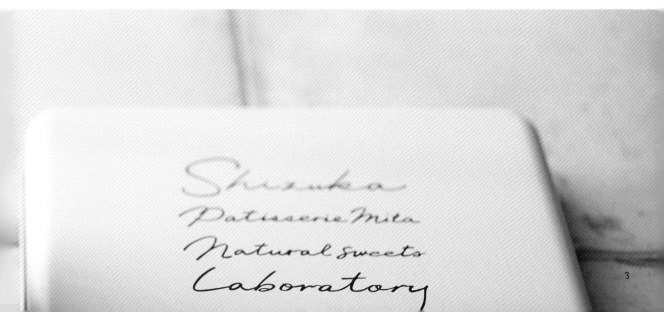

本書の使い方

・オーブンは電気オーブンを使っています。温度と焼き時間は目安です。熱源や機種によって多少差があるので、様子をみながら加減してください。
・使用する材料についてはp.76〜77、道具や型についてはp.78〜79を参照してください。

ビスケット

　淡い小麦色からチョコレート色までの、素材の自然なカラーグラデーション。丸や四角の飾りけのない形。シヅカ洋菓子店のビスケットは、素朴に見えて一枚一枚に個性があるのが特徴です。食感や口溶けで大きく２つのグループに分かれているので、それぞれをご紹介しましょう。

　１つめのグループを代表するのが、ハニービスケットです。さっくりとしたやさしい食感で、口溶けがなめらかなのが特徴です。この質感は、薄力粉と粉状で溶けやすいきび砂糖、たっぷりのはちみつを使った生地を、薄めにのばして焼き上げることで作り出しています。穏やかな味わいの生地なので、茶葉や柑橘類などを焼き込むと、その繊細な香りを存分に生かすことができます。

　もう１つのグループを象徴しているのが、全粒粉ビスケットです。ざくざくっとした力強い食感が特徴で、口の中でほろほろと砕けていきます。こちらは強力粉を主体にして全粒粉を混ぜ、粒状で溶けにくい粗糖を使い、厚めにのばしてじっくりと焼き上げます。噛みしめるほどに、小麦、バター、キャラメル化した粗糖など、いろいろな素材の風味が顔を出し、最後にかすかに塩けが残ります。甘みやコクの余韻を断ち、次の一枚にまた手が伸びるようにするのがこの塩の役割です。風味も食感も強い生地なので、カカオやナッツなど芳醇でコクのある素材との相性が抜群です。

　ビスケットの楽しさをさらに広げるアイディアとして、チョコレートをはさんで組み合わせの妙を味わう、サンドビスケットもご紹介します。

ハニービスケット

バターと小麦の風味にはちみつの香りが溶け合う、や
さしい甘さのビスケット。使うはちみつの産地や花の
種類で風味を変えられます。お好みのものでどうぞ。

（作り方はp.10）

ハニービスケット

● 材料 （直径5.5cmの菊型約16枚分）
バター … 90g
きび砂糖 … 25g
塩 … 0.7g
はちみつ … 48g
薄力粉 … 145g

● 下準備
・バターは室温（または電子レンジ）でやわらかくもどす。目安は指で簡単につぶせて、液状に溶けないくらい（a）。
・天板にシルパン（またはオーブンシート）を敷く。
・オーブンは160℃に予熱する。

ボウルにバターを入れ、泡立て器で混ぜてクリーム状にする。

→ 泡立て器の先をボウルにつけたまま、ぐるぐると円を描いて混ぜる。泡立て器の中にバターが入ってしまったら、ゴムべらで押し出す。

きび砂糖をふるい入れ、塩も加えて①と同じ混ぜ方で全体にゆきわたるまですり混ぜる。

はちみつを加えて完全に混ぜ込む。

薄力粉をふるい入れる。

ゴムべらで上から押さえつけたり、ボウルになすりつけたりして、粉をバターに少しずつ混ぜ込んでいく。

→ ボウルのまわりについた粉もへらで落として混ぜ込む。

粉が混ざったら、生地を練り混ぜて全体を均一な状態にする。これを手で1つにまとめる。

30cm四方のオーブンシートを2枚用意し、1枚を下に敷いて中央に⑥をのせ、もう1枚のシートをかけてはさむ。

オーブンシート越しに生地を手で押さえて1cmほどの厚さにつぶす。

9

生地の左右両側に5mmのルーラーを置き、ルーラーの上からめん棒をかけて生地を5mm厚さにのばす。

→　ルーラーを使うと簡単に均一な厚さにできる。

10

シートではさんだまま、まな板などにのせ、冷蔵庫で3時間以上冷やす。取り出して上下を返す。

→　冷やすと生地がかたくなって型抜きがしやすくなる。裏返すことで、なめらかな面が上になり、焼き上がりがきれいになる。

11

上のシートをはがし、直径5.5cmの菊型でできるだけ生地の無駄が出ないように抜く。

→　残った生地の再利用法は、右記の「残った生地は」を参照。

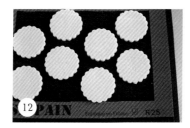

12

準備した天板に⑪を並べる。これを160℃に予熱したオーブンで合計18分ほど焼く。

→　生地どうしがくっつかないように並べる。並べきれなかった生地の保存方法は、右記の「一度に焼けないときは」を参照。

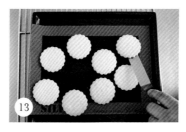

13

焼きむらのあるオーブンの場合は、10分焼いたら天板の向きを180度変え、さらに5分焼いて焼き色を確認し、色の濃いものと薄いものを置き換えたり生地自体の向きを変えたりして、さらに3分ほど焼く。

14

焼き上がりの目安は、表面にむらなく焼き色がつき、裏側にもしっかり焼き色がつくくらい。

15

シルパンごとケーキクーラーに移して冷ます。

● 残った生地は

型抜き時に残った生地の端切れは、手で1つにまとめて軽く練り、左の⑦〜⑪の要領で再びのばして型抜きする。

● 一度に焼けないときは

一度に焼けないときは、型抜きした生地をオーブンシートではさんでバットにのせ（重ねるときは間にもシートをはさむ）、ジッパー付き保存袋に入れて冷凍する。保存期間はおよそ2週間。冷凍生地は凍ったまま左の⑫〜⑮の要領で焼く。

● 保存するときは

完全に冷ましてから、乾燥剤とともにふたつきの保存容器に入れ、湿気やにおい移りを防ぐためにジッパー付き保存袋に入れて冷蔵庫で保存する。保存期間は1か月ほど。

紅茶ビスケット

さっくりとした口溶けのなかに、紅茶の香りが穏やか
に広がります。茶葉ごと味わうビスケットなので、有
機栽培の国産和紅茶を使うと安心です。

● **材 料**（直径5.5cmの菊型約16枚分）

和紅茶の茶葉 … 5g
バター … 90g
きび砂糖 … 25g
塩 … 0.7g
はちみつ … 48g
薄力粉 … 145g

● **下 準 備**

・和紅茶の茶葉は電動ミル（またはすり鉢）で粉状にし（a）、ふるいに
　かけて大きな葉を取り除く。
・バターは溶けない程度にやわらかくもどす。
・天板にシルパン（またはオーブンシート）を敷く。
・オーブンは160℃に予熱する。

1　ボウルにバターを入れ、泡立て器で混ぜてクリーム状にする。

2　きび砂糖をふるい入れ、塩も加えて全体にゆきわたるまですり混ぜ、
　はちみつも加えてむらなく混ぜる。

3　紅茶葉の粉と薄力粉を合わせて②にふるい入れる（b）。ゴムべら
　で上から押さえつけたり、ボウルになすりつけたりして、粉をバター
　に少しずつ混ぜ込んでいく。

4　粉が混ざったら、生地を練り混ぜて全体を均一な状態にし、手で1つ
　にまとめる。

5　30cm四方のオーブンシート2枚で④をはさみ、生地を1cmほどの厚
　さにつぶしてめん棒で5mm厚さにのばす。冷蔵庫で3時間以上冷やす。

6　取り出して上下を返し、上のシートをはがして直径5.5cmの菊型で抜
　く。

7　準備した天板に⑥を並べ、160℃に予熱したオーブンで18分ほど焼
　く。シルパンごとケーキクーラーに移して冷ます。
　──▶ 焼き上がりの目安は表面にむらなく焼き色がつき、裏側もしっ
　　　　かり色づくくらい。

ほうじ茶ビスケット

ほうじ茶の香ばしさがはちみつの甘みに重なって、奥深い味わいに。嚙むたびにお茶の香りが広がります。

ひと口目からお茶の香りが凛と際立ちます。砕いた煎茶の葉と抹茶のダブル使いで、香り高い仕上がりに。

グリーンティービスケット

ほうじ茶ビスケット

● **材 料** （一辺3cmの六角型約16枚分）

ほうじ茶の茶葉 … 5g
ほうじ茶パウダー（市販）… 1g
バター … 90g
きび砂糖 … 25g
塩 … 0.7g
はちみつ … 48g
薄力粉 … 145g

● **下準備**

・ほうじ茶の茶葉は電動ミル（またはすり鉢）で粉状にし、ふるいにかけて大きな茎と葉を取り除く。
・バターは溶けない程度にやわらかくもどす。
・天板にシルパン（またはオーブンシート）を敷く。
・オーブンは160℃に予熱する。

1　ボウルにバターを入れ、泡立て器で混ぜてクリーム状にする。きび砂糖をふるい入れ、塩も加えて全体にゆきわたるまですり混ぜる。はちみつも加えてむらなく混ぜる。

2　粉状にしたほうじ茶の茶葉とほうじ茶パウダーを薄力粉に合わせて ① にふるい入れる。ゴムべらで上から押さえつけたり、ボウルになすりつけたりして、粉をバターに少しずつ混ぜ込んでいく。

3　粉が混ざったら、生地を練り混ぜて全体を均一な状態にする。手で1つにまとめ、30cm四方のオーブンシート2枚ではさんで1cmほどの厚さにつぶし、めん棒で5mm厚さにのばす。冷蔵庫で3時間以上冷やす。

4　取り出して上下を返し、上のシートをはがして一辺3cmの六角型で抜く。

5　準備した天板に ④ を並べ、160℃に予熱したオーブンで18分ほど焼く。シルパンごとケーキクーラーに移して冷ます。
　　—→ 焼き上がりの目安は表面にむらなく焼き色がつき、裏側もしっかり色づくくらい。

右はほうじ茶の茶葉をミルで粉状にしてふるったもの。左はほうじ茶パウダー。茶葉とパウダーのダブル使いで香りに奥行きが出る。

グリーンティービスケット

● **材 料** （直径5.5cmの菊型約16枚分）

煎茶の茶葉 … 2.5g
抹茶 … 2g
バター … 90g
きび砂糖 … 25g
塩 … 0.7g
はちみつ … 48g
薄力粉 … 145g

● **下準備**

・煎茶の茶葉は電動ミル（またはすり鉢）で粉状にし、ふるいにかけて大きな葉を取り除く。
・バター、天板、オーブンの下準備は、ほうじ茶ビスケット（上記）と同じ。

1　ほうじ茶ビスケットの ① と同じ作業をして、粉状にした煎茶の茶葉、抹茶、薄力粉をふるい入れる。ゴムべらで上から押さえつけたり、ボウルになすりつけたりして、粉をバターに少しずつ混ぜ込んでいく。

2　ほうじ茶ビスケットの ③ と同じ作業をし、取り出して上下を返し、上のシートをはがして直径5.5cmの菊型で抜く。

3　ほうじ茶ビスケットの ⑤ と同様に焼いて冷ます。

右は煎茶の茶葉をミルで粉状にしてふるったもの。左は抹茶。煎茶でうまみを、抹茶で香りと鮮やかな色を出す。

レモンビスケット

国産レモンの皮と果汁を使って、心地よい甘酸っぱさに。レモンとはちみつは相性抜群の組み合わせ。

ゆずビスケット

ゆずの香りがほのかに残り、レモンビスケットとはひと味違う、印象的な一枚に仕上がります。

レモンビスケット

● 材料 （直径5.5cmの菊型約16枚分）
レモン（国産）… 1/2個
バター … 90g
きび砂糖 … 25g
塩 … 0.7g
はちみつ … 48g
薄力粉 … 145g

● 下準備
・レモンはグレーター（またはおろし金）で皮をすりおろし（a）、果汁を搾ってこす。
・バターは溶けない程度にやわらかくもどす。
・天板にシルパン（またはオーブンシート）を敷く。
・オーブンは160℃に予熱する。

1　ボウルにバターを入れ、泡立て器で混ぜてクリーム状にする。きび砂糖をふるい入れ、塩も加えて全体にゆきわたるまですり混ぜる。はちみつも加えてむらなく混ぜる。

2　レモンの皮と汁を加えて完全に混ぜ込み、薄力粉をふるい入れる。ゴムべらで上から押さえつけたり、ボウルになすりつけたりして、粉をバターに少しずつ混ぜ込んでいく。

3　粉が混ざったら、生地を練り混ぜて全体を均一な状態にする。手で1つにまとめ、30cm四方のオーブンシート2枚ではさんで1cmほどの厚さにつぶし、めん棒で5mm厚さにのばす。冷蔵庫で3時間以上冷やす。

4　取り出して上下を返し、上のシートをはがして直径5.5cmの菊型で抜く。

5　準備した天板に ④ を並べ、160℃に予熱したオーブンで18分ほど焼く。シルパンごとケーキクーラーに移して冷ます。
　──→ 焼き上がりの目安は表面にむらなく焼き色がつき、裏側もしっかり色づくくらい。

ゆずビスケット

● 材料 （一辺3cmの六角型約16枚分）
ゆず（国産）… 1/2個
バター … 90g
きび砂糖 … 25g
塩 … 0.7g
はちみつ … 48g
薄力粉 … 145g

● 下準備
・ゆずはグレーター（またはおろし金）で皮をすりおろし、果汁を搾ってこす。
・バター、天板、オーブンの下準備は、レモンビスケット（上記）と同じ。

1　レモンビスケットの ① と同じ作業をし、ゆずの皮と汁を加えて泡立て器で完全に混ぜ込む。薄力粉をふるい入れ、ゴムべらで上から押さえつけたり、ボウルになすりつけたりして、粉をバターに少しずつ混ぜ込んでいく。

2　レモンビスケットの ③ と同じ作業をし、取り出して上下を返し、上のシートをはがして一辺3cmの六角型で抜く。

3　レモンビスケットの ⑤ と同様に焼いて冷ます。

くるみメープルビスケット

くるみの豊かなコクに、ロースト小麦胚芽の香ばしさ
を重ねて奥深い味わいに。メープルシロップのキャラ
メルのような深い甘みが味のまとめ役です。

● **材料**（一辺3cmの六角型約16枚分）
くるみベース
| くるみ（無塩・ロースト）… 20g
| きび砂糖 … 10g
バター … 90g
きび砂糖 … 20g
塩 … 0.7g
メープルシロップ（ベリーダーク）… 45g
薄力粉 … 145g
ロースト小麦胚芽 … 3g

● **下準備**
・くるみベースを作る。フードプロセッサーにくるみときび砂糖を入れ
　（a）、くるみが細かくなるまで攪拌する。
　　──▶ くるみの油分を砂糖が吸収して粉状になる。
・バターは溶けない程度にやわらかくもどす。
・天板にシルパン（またはオーブンシート）を敷く。
・オーブンは160℃に予熱する。

1　ボウルにバターを入れ、泡立て器で混ぜてクリーム状にする。きび砂
　糖をふるい入れ（b）、塩も加えて全体にゆきわたるまですり混ぜる。

2　メープルシロップを加えて混ぜ（c）、準備したくるみベースを加え
　て（d）しっかりすり混ぜる。

3　薄力粉をふるい入れ、ロースト小麦胚芽も加えて、ゴムべらで上から
　押さえつけたり、ボウルになすりつけたりして粉をバターに少しずつ
　混ぜ込んでいく（e）。

4　粉が混ざったら、生地を練り混ぜて全体を均一な状態にする（f）。
　手で1つにまとめ、30cm四方のオーブンシート2枚ではさんで1cm
　ほどの厚さにつぶし、めん棒で5mm厚さにのばす。冷蔵庫で3時間以
　上冷やす。

5　取り出して上下を返し、上のシートをはがして一辺3cmの六角型で抜
　く（g）。

6　準備した天板に⑤を並べ、160℃に予熱したオーブンで18分ほど焼
　く。シルパンごとケーキクーラーに移して冷ます。
　　──▶ 焼き上がりの目安は表面にむらなく焼き色がつき、裏側もしっ
　　　かり色づくくらい。

ロースト小麦胚芽

小麦粒の胚芽を取り出し、ロース
トしたもの。香ばしい香りがして、
生地に加えるとさくっとした食感
になる。

全粒粉ビスケット

シヅカ洋菓子店を代表する一品を、家庭向けのレシピ
でご紹介。じっくり焼いて小麦とバターの風味を最大
限に引き出し、粗糖でざくざくした食感を作ります。

（作り方はp.22）

チョコレートチップビスケット

全粒粉入りのざくざくとした生地に、口溶けのよいチョコレートチップをちりばめました。質のよいチョコレートを使うと、風味が格段にアップします。

（作り方はp.23）

全粒粉ビスケット

● 材料
（一辺5.5cmの四角型約10枚分）
バター … 90g
粗糖 … 55g
塩 … 1g
強力粉 … 85g
薄力粉 … 70g
全粒粉 … 15g

● 下準備
・バターは室温（または電子レンジ）でやわらかくもどす。目安は指で簡単につぶせて、一部が液状に溶けるくらい（a）。
・天板にシルパン（またはオーブンシート）を敷く。
・オーブンは160℃に予熱する。

ボウルにバターを入れ、泡立て器で混ぜてとろりとしたクリーム状にする。

⟶ 泡立て器の先をボウルにつけたまま、ぐるぐると円を描いて混ぜる。

粗糖と塩を加えて ① と同じ混ぜ方で全体にゆきわたるまですり混ぜる。

⟶ 粗糖が溶けきるまで混ぜず、粒感を残す。

強力粉と薄力粉をふるい入れ、全粒粉を加える。

ゴムべらで上から押さえつけたり、ボウルになすりつけたりして、粉をバターに少しずつなじませていく。

⟶ ボウルのまわりについた粉もへらで落として混ぜ込む。

粉とバターが完全になじむとそぼろ状になる。

⟶ 粒の粗い材料が混じっているので、ぼそぼそしている。

手で握ったりボウルに押しつけたりしてまとめていく。

⟶ まとまりづらい生地だが、練りすぎて粗糖を溶かしてしまわないこと。

手でぎゅっと押し固めて1つにまとめる。

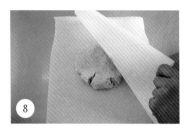

30cm四方のオーブンシートを2枚用意し、1枚を下に敷いて中央に ⑦ をのせ、もう1枚のシートをかけてはさむ。

⑨

オーブンシート越しに生地を手で押さえて1cmほどの厚さにつぶす。

⑩

生地の左右両側に7mmのルーラーを置き、ルーラーの上からめん棒をかけて生地を7mm厚さにのばす。

→ ルーラーを使うと簡単に均一な厚さにできる。

⑪

シートではさんだまま、まな板などにのせ、冷蔵庫で3時間以上冷やす。

→ 冷やすと生地がかたくなり、型抜きの作業がしやすくなる。

⑫

取り出して上下を返し、上のシートをはがす。

→ 裏返すことでなめらかな面が上になり、焼き上がりがきれいになる。

⑬

一辺5.5cmの四角型で抜く。

→ 残った生地の再利用法はp.11を参照。

⑭

準備した天板に並べ、160℃に予熱したオーブンで合計45分ほど焼く。

⑮

焼きむらのあるオーブンの場合は、20分焼いたら天板の向きを180度変え、さらに20分焼いて焼き色を確認し、色の濃いものと薄いものを置き換えたり生地自体の向きを変えたりして、さらに5分ほど焼く。

⑯

焼き上がりの目安は表面にむらなく焼き色がつき、裏側が香ばしく色づくくらい。シルパンごとケーキクーラーに移して冷ます。

→ 生地が反っていたら、冷める前にオーブンシートをかけて軍手をした手のひらで押さえて平らにする。

チョコレートチップビスケット

● 材料
（一辺5.5cmの四角型約10枚分）
バター … 90g
チョコレートチップ
　（カカオ分50%）… 40g
粗糖 … 55g
塩 … 1g
強力粉 … 85g
薄力粉 … 70g
全粒粉 … 15g

● 下準備
全粒粉ビスケットの下準備（p.22）と同様。

作り方は全粒粉ビスケット（p.22）とほぼ同じ。②のあとでチョコレートチップ（a）を加えて混ぜるほかは同様に作る。

ⓐ

アーモンドの風味を楽しむための一枚。噛むたびにアーモンドの粒がはじけ、アーモンドプラリネペーストの甘く香ばしい味わいが広がります。

アーモンドビスケット

● 材料（直径5.5cmの菊型約15枚分）
アーモンド（無塩・ロースト）… 17g
アーモンドプラリネペースト（市販）… 17g
バター … 90g
粗糖 … 55g
塩 … 1g
薄力粉 … 80g
強力粉 … 60g
全粒粉 … 35g

● 下準備
・アーモンドは包丁で粗めに刻む（a）。
・アーモンドプラリネペーストは常温にもどす。
・バターは一部が液状に溶けるくらいやわらかくもどす。
・天板にシルパン（またはオーブンシート）を敷く。
・オーブンは160℃に予熱する。

1 ボウルにバターを入れ、泡立て器で混ぜてとろりとしたクリーム状にし、粗糖と塩を加えて全体にゆきわたるまですり混ぜる。

2 アーモンドプラリネペースト、刻んだアーモンドを加え（b）、むらなく混ぜる（c）。

3 薄力粉と強力粉をふるい入れ、全粒粉を加える。ゴムべらで上から押さえつけたり、ボウルになすりつけたりして、粉をバターに少しずつなじませていく。

4 そぼろ状になったら、手で握ったりボウルに押しつけたりして生地をまとめていく。最後は手でぎゅっと押し固めて1つにまとめる。

5 30cm四方のオーブンシート2枚で④をはさんで1cmほどの厚さにつぶし、めん棒で7mm厚さにのばす。冷蔵庫で3時間以上冷やす。

6 取り出して上下を返し、上のシートをはがして直径5.5cmの菊型で抜く。

7 準備した天板に並べ、160℃に予熱したオーブンで45分ほど焼く。シルパンごとケーキクーラーに移して冷ます。
　　　→ 焼き上がりの目安は表面にむらなく焼き色がつき、裏側が香ばしく色づくくらい。生地が反っていたら、冷める前にオーブンシートをかけて軍手をした手のひらで押さえて平らにする。

ピスタチオビスケット

ピスタチオのナチュラルな緑色がアクセント。
ざっくり、しっとりとした食感が魅力です。

ヘーゼルナッツビスケット

ヘーゼルナッツの芳しい香りをふんだんにきかせました。
ココアやコーヒーに合う一枚です。

ピスタチオビスケット

● **材料**（直径5.5cmの菊型約15枚分）

ピスタチオ（無塩・ロースト）… 17g

ピスタチオペースト（市販）… 17g

バター … 90g

粗糖 … 55g

塩 … 1g

薄力粉 … 80g

強力粉 … 60g

全粒粉 … 35g

● **下準備**

・ピスタチオは包丁で粗めに刻む。

・ピスタチオペーストは常温にもどす。

・バターは一部が液状に溶けるくらいやわらかくもどす。

・天板にシルパン（またはオーブンシート）を敷く。

・オーブンは160℃に予熱する。

右は粗く刻んだピスタチオ。左はピスタチオペースト。ピスタチオペーストはローストした無塩のピスタチオをペーストに加工したもので、乳化剤不使用のものを使用。

1　ボウルにバターを入れ、泡立て器で混ぜてとろりとしたクリーム状にし、粗糖と塩を加えて全体にゆきわたるまですり混ぜる。

2　ピスタチオペーストと刻んだピスタチオを加え、むらなく混ぜる。

3　薄力粉と強力粉をふるい入れ、全粒粉を加える。ゴムべらで上から押さえつけたり、ボウルになすりつけたりして、粉をバターに少しずつなじませていく。

4　そぼろ状になったら、手で握ったりボウルに押しつけたりして生地をまとめていく。最後は手でぎゅっと押し固めて1つにまとめる。

5　30cm四方のオーブンシート2枚で④をはさんで1cmほどの厚さにつぶし、めん棒で7mm厚さにのばす。冷蔵庫で3時間以上冷やす。

6　取り出して上下を返し、上のシートをはがして直径5.5cmの菊型で抜く。

7　準備した天板に並べ、160℃に予熱したオーブンで45分ほど焼く。シルパンごとケーキクーラーに移して冷ます。

　　→ 焼き上がりの目安は表面にむらなく焼き色がつき、裏側が香ばしく色づくくらい。生地が反っていたら、冷める前にオーブンシートをかけて軍手をした手のひらで押さえて平らにする。

ヘーゼルナッツビスケット

● **材料**（直径5.5cmの菊型約15枚分）

ヘーゼルナッツ（無塩・ロースト）… 17g

ヘーゼルナッツプラリネペースト（市販）… 17g

バター … 90g

粗糖 … 55g

塩 … 1g

薄力粉 … 80g

強力粉 … 60g

全粒粉 … 35g

● **下準備**

・ヘーゼルナッツは包丁の腹で押しつぶしてから粗めに刻む。

・ヘーゼルナッツプラリネペーストは常温にもどす。

・バター、天板、オーブンの下準備は、ピスタチオビスケット（上記）と同じ。

1　作り方はピスタチオビスケットとほぼ同じ。②でピスタチオペーストと刻んだピスタチオを加える代わりに、ヘーゼルナッツプラリネペーストと刻んだヘーゼルナッツを加える。

右は粗く刻んだヘーゼルナッツ。左はヘーゼルナッツプラリネペースト。プラリネペーストは、香ばしくローストしてキャラメリゼしたヘーゼルナッツをペーストに加工したものを使用。

ダブルカカオビスケット

チョコレートとココアパウダーを生地に練り込み、チョコレートチップをちりばめた、チョコレートずくめのビスケット。バレンタインギフトにもおすすめです。

（作り方はp.30）

ダブルカカオビスケット

● 材料

（一辺5.5cmの四角型約10枚分）

バター … 90g

粗糖 … 45g

塩 … 1.3g

ダークチョコレート
　（カカオ分66%）… 12g

はちみつ … 30g

チョコレートチップ
　（カカオ分50%）… 30g

薄力粉 … 80g

強力粉 … 80g

ココアパウダー（無糖）… 15g

● 下準備

・バターは室温（または電子レンジ）でやわらかくもどす。目安は指で簡単につぶせて、液状に溶けないくらい（a）。

・天板にシルパン（またはオーブンシート）を敷く。

・オーブンは160℃に予熱する。

a

1

ボウルにバターを入れ、泡立て器で混ぜてクリーム状にする。

→ 泡立て器の先をボウルにつけたまま、ぐるぐると円を描いて混ぜる。泡立て器の中にバターが入ってしまったら、ゴムべらで押し出す。

2

粗糖と塩を加え、① と同じ混ぜ方で全体にゆきわたるまですり混ぜる。

3

鍋に湯を沸かし、チョコレートを別のボウルに入れてのせる。溶けたらはちみつを加え、ゴムべらでむらなく混ぜる。

→ ボウルの底を湯に当てず、湯気で間接的に温める（チョコレートを40℃以上にしない）。

4

③ を ② に加えて泡立て器でむらなく混ぜる。

5

チョコレートチップを加え、かたよりなく混ぜる。

6

薄力粉、強力粉、ココアパウダーをふるい入れる。

7

ゴムべらで上から押さえつけたり、ボウルになすりつけたりして、粉をバターに少しずつなじませていく。

→ ボウルのまわりについた粉もへらで落として混ぜ込む。

8

粉がなじむと全体がチョコレート色になり、ぼろぼろしたかたまりができる。

手で握ったり、ボウルに押しつけたりしてまとめていく。

寄せ集めて1つにまとめる。

30cm四方のオーブンシートを2枚用意し、1枚を下に敷いて中央に⑩をのせ、もう1枚のシートをかけてはさむ。

オーブンシート越しに生地を手で押さえて1cmほどの厚さにつぶす。

生地の左右両側に7mmのルーラーを置き、ルーラーの上からめん棒をかけて生地を7mm厚さにのばす。

→ ルーラーを使うと簡単に均一な厚さにできる。

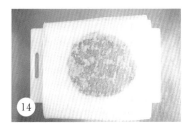

シートではさんだまま、まな板などにのせ、冷蔵庫で3時間以上冷やす。

→ 冷やすと生地がかたくなり、型抜きの作業がしやすくなる。

取り出して上下を返し、上のシートをはがす。

→ 裏返すことでなめらかな面が上になり、焼き上がりがきれいになる。

一辺5.5cmの四角型でできるだけ無駄が出ないように抜く。

→ 残った生地の再利用法は、「残った生地は」(p.11)を参照。

準備した天板に並べる。これを160℃に予熱したオーブンで合計35分ほど焼く。焼きむらのあるオーブンの場合は、15分焼いたら天板の向きを180度変える。

→ 並べきれなかった生地の保存方法は、「一度に焼けないときは」(p.11)を参照。

焼き上がりの目安は、まん中を押してみて弾力を感じるくらい。

→ 押したあとがへこんだままなら焼き足りない。

生地が反っていたら、オーブンシートをかけて軍手をした手のひらで押さえて平らにする。

→ やけどに注意しながら熱いうちに行う。

シルパンごとケーキクーラーに移して冷ます。

ラム酒漬けのレーズンを細かく刻んで生地に練り込み
ました。ざくざくとした食感のなかに、ラム酒の芳醇
な香りとサルタナレーズンの甘酸っぱさが広がります。

（作り方はp.34）

レーズンビスケット

フィグビスケット

ペースト状にしたドライいちじくが、焼いている間に
香ばしく変化します。ぷちぷちとした種の食感とあい
まって、存在感のある一枚に。

（作り方はp.35）

レーズンビスケット

● 材料
（一辺5.5cmの四角型約10枚分）
ラムレーズン（作りやすい分量）
｜ サルタナレーズン … 100g
｜ ラム酒 … 適量
バター … 90g
粗糖 … 55g
塩 … 1g
強力粉 … 150g
全粒粉 … 25g

● 下準備
・ラムレーズンを作る。サルタ
ナレーズンを熱湯で10秒ほど
ゆがき（a）、引き上げてペー
パータオルで水けをふき取る
（b）。清潔な保存容器に入れ、
ラム酒をかぶるくらいに注いで
一晩以上漬ける（c）。冷暗所
で長期保存可能。
・バターは室温（または電子レン
ジ）でやわらかくもどす。目安
は指で簡単につぶせて、液状に
溶けないくらい。
・天板にシルパン（またはオーブ
ンシート）を敷く。
・オーブンは160℃に予熱する。

準備したラムレーズンから35gを取
り出し、フードプロセッサーにかけ
てごく細かくする。

→ 　汁けをきった状態で計量す
る。

ボウルにバターを入れて泡立て器で
混ぜてクリーム状にし、粗糖と塩を
加え、混ぜて全体にゆきわたらせる。

② に ① を加える。

泡立て器でむらなく混ぜる。

さらにしっかりと泡立てて空気を含
ませ、ふわっと白っぽい状態にする。

→ 　仕上がりの食感が軽くなり、
ラムレーズンの香りが立つ。

強力粉をふるい入れ、全粒粉も加え
る。

ゴムべらで上から押さえつけたり、
ボウルになすりつけたりして、粉を
バターに少しずつなじませていく。

→ 　ボウルのまわりについた粉
もへらで落として混ぜ込む。

粉がほぼなじんだら、手で握るよう
にしてさらになじませる。

⑨

手で握ったりボウルに押しつけたり
して1つにまとめる。

⑩

30cm四方のオーブンシート2枚で
⑨をはさみ、オーブンシート越し
に生地を手で押さえて1cmほどの厚
さにつぶす。

⑪

生地の左右両側に7mmのルーラーを
置き、ルーラーの上からめん棒をか
けて生地を7mm厚さにのばす。

→　ルーラーを使うと簡単に均
　　一な厚さにできる。

⑫

シートではさんだまま、まな板など
にのせ、冷蔵庫で3時間以上冷やす。

→　冷やすと生地がかたくなり、
　　型抜きの作業がしやすくな
　　る。

⑬

取り出して上下を返し、上のシート
をはがす。一辺5.5cmの四角型でで
きるだけ無駄が出ないように抜く。

→　残った生地の再利用法は、
　　「残った生地は」（p.11）を
　　参照。

⑭

準備した天板に並べる。これを160
℃に予熱したオーブンで合計35分
ほど焼く。焼きむらのあるオーブン
の場合は、15分焼いたら天板の向
きを180度変える。

→　並べきれなかった生地の保
　　存方法は、「一度に焼けな
　　いときは」（p.11）を参照。

⑮

焼き上がりの目安は、まん中を押し
てみて弾力を感じるくらい。生地が
反っていたら、オーブンシートをか
けて軍手をした手のひらで押さえて
平らにし（やけどに注意）、シルパ
ンごとケーキクーラーに移して冷ま
す。

フィグビスケット

● 材料
（一辺5.5cmの四角型約10枚分）
ドライいちじく… 50g
バター … 90g
粗糖 … 55g
塩 … 1g
強力粉 … 150g
全粒粉 … 25g

● 下準備
・ドライいちじくは熱湯で
　20秒ほどゆがき、引き上
　げてペーパータオルで水け
　をしっかりとふき取る。
・バター、天板、オーブンの
　下準備は、レーズンビスケ
　ット（p.34）と同じ。

作り方はレーズンビスケット
（p.34）とほぼ同じ。①のラ
ムレーズンをゆがいたドライ
いちじく50gに置き換えて
ペースト状にする（a）ほか
は同様に作る。

ⓐ

ガレット・ブルトンヌ

バターが特産のフランス・ブルターニュ発祥のお菓子
です。バターの豊かな風味をラム酒の香りで引き立て、
ラム酒と相性のよい黒砂糖で味の深みを出しました。

● 材料（直径6.5×深さ2cmのアルミカップ9〜10個分、抜き型＝直径6cmの丸型）

バター … 113g　　薄力粉 … 110g
黒砂糖 … 70g　　つや出し用卵液（作りやすい分量）
塩 … 1.8g　　　｜全卵 … 1個
卵黄 … 1個分　　｜卵黄 … 1個分
ラム酒 … 10g

● 下準備

・バターは溶けない程度にやわらかくもどす。
・黒砂糖はかたまりがあれば砕いてふるって粉状にする。
・卵はすべて常温にもどす。
・つや出し用卵液の卵と卵黄を容器に合わせ、溶きほぐしてむらなく混ぜる。
・天板にシルパンを敷き（すべり止めのため）、アルミカップを並べる。
・オーブンは160℃に予熱する。

1　ボウルにバターを入れ、泡立て器で混ぜてクリーム状にする。黒砂糖
　　と塩を加えて（a）全体にゆきわたるまですり混ぜる。さらに卵黄、
　　ラム酒を順に加えてそのつど完全に混ぜ込む。

2　薄力粉をふるい入れ（b）、ゴムべらで上から押さえつけたり、ボウ
　　ルになすりつけたりして粉をバターに少しずつ混ぜ込んでいき、混ざ
　　ったら生地を練り混ぜて全体を均一な状態にする（c）。

3　手で1つにまとめ、30cm四方のオーブンシート2枚ではさんで軽く
　　つぶし、生地の左右両側に1cmのルーラーを置き、めん棒をかけて1
　　cm厚さにのばす（d）。冷凍庫で3時間以上冷やす。
　　──▶ やわらかくてだれやすい生地なので、冷凍庫でしっかり冷やし
　　　　　固める。

4　取り出して上下を返し、上のシートをはがして直径6cmの丸型で抜
　　く。

5　準備したつや出し用卵液を④の上の面にはけで塗る。1回塗ったら
　　冷蔵庫に5分ほど入れて乾かし、2回目を重ね塗りする（e）。
　　──▶ 側面にたれないよう気をつけて中心から外側に塗る。側面につ
　　　　　くと膨らみが悪くなる。

6　卵液を塗った面に竹串の尖っていないほうで木の枝のような線を描く
　　（f）。
　　──▶ 卵液をはがし取ることで線ができる。生地まで削らないこと。
　　　　　串についた卵液をペーパータオルでふき取りながら行う。

7　模様に触れないようにパレットナイフで生地をアルミカップに入れ
　　（g）、準備した天板に並べる。
　　──▶ アルミカップに入れることで生地が横に膨らむのを防ぐ。

8　160℃に予熱したオーブンで45分ほど焼く。焼き上がったら、熱い
　　うちにペーパータオルで表面をこすって油脂分をふき取り、つやを出
　　す（h）。ケーキクーラーに移して冷ます。
　　──▶ 焼き上がりの目安は、中央を押してみて弾力を感じるくらい。

玄米粉ビスケット

小麦粉を使わず、玄米粉とオーツ麦で仕立てたグルテンフリーのビスケット。さくさく、ほろりと砕けるような軽やかさは、小麦粉では出せない魅力です。

● 材料（直径5.5cmの菊型12〜13枚分）

バター … 68g

粗糖 … 55g

塩 … 1.3g

卵（溶きほぐす） … 1/2個分

玄米粉 … 80g

オーツ麦フレーク（またはオートミール） … 70g

● 下準備

・バターは溶けない程度にやわらかくもどす。

・卵は常温にもどす。

・天板にシルパン（またはオーブンシート）を敷く。

・オーブンは160℃に予熱する。

1　オーツ麦フレークはフードプロセッサーで細かく砕く（a）。

2　ボウルにバターを入れ、泡立て器で混ぜてクリーム状にする。粗糖と塩を加え（b）、全体にゆきわたるまですり混ぜる。

3　卵を2回に分けて②に加え、そのつど分離しないように完全に混ぜ込む（c）。

4　①を加え、玄米粉をふるい入れる。ゴムべらで上から押さえつけたり、ボウルになすりつけたりして粉をバターに少しずつなじませていく（d）。粉がなじんだら、手で押し固めて1つにまとめる（e）。
　　──▶ 崩れやすい生地なので少しまとめづらい。

5　30cm四方のオーブンシート2枚ではさんで1cmほどの厚さにつぶし、めん棒で7mm厚さにのばす。冷蔵庫で3時間以上冷やす。

6　取り出して上下を返し、上のシートをはがして直径5.5cmの菊型で抜く（f）。

7　準備した天板に並べ、160℃に予熱したオーブンで40分ほど焼く。シルパンごとケーキクーラーに移して冷ます。
　　──▶ 焼き上がりの目安は表面にむらなく焼き色がつき、裏側が香ばしく色づくくらい。

玄米粉

玄米を乾燥させて粉末状にしたもの。素朴な味わいと独特の香ばしさがある。焙煎したものと生があるが、ここでは生を使用。

オーツ麦フレーク

オーツ麦（エンバク）を蒸してつぶし、フレーク状にしたもの。ざくざくとした噛みごたえがあるので、食感のアクセントに。

ミルクチョコレートサンドビスケット

薄めに焼いた全粒粉入りビスケットでミルクチョコレートをはさみました。冷やして食べて、口の中でチョコレートが溶けていくのを楽しむのもおすすめです。

（作り方はp.42）

ストロベリーチョコレートサンドビスケット

ビスケットの間からのぞくのは、ホワイトチョコレートにストロベリーパウダーを混ぜて仕立てた、いちご風味のチョコ。かわいらしい色合いが目をひきます。

（作り方はp.43）

ミルクチョコレートサンドビスケット

● 材料
（直径6cmの丸型12枚分／6組分）
バター … 90g
きび砂糖 … 45g
塩 … 0.5g
薄力粉 … 135g
全粒粉 … 13g
サンド用チョコレート
　ミルクチョコレート
　（カカオ分37%） … 48g

● 下準備
・バターは室温（または電子レンジ）でやわらかくもどす。目安は指で簡単につぶせて、一部が液状に溶けるくらい（a）。
・ミルクチョコレートは大きければ包丁で粗く刻む。
・天板にシルパン（またはオーブンシート）を敷く。
・オーブンは160℃に予熱する。

① ボウルにバターを入れ、泡立て器で混ぜてとろりとしたクリーム状にする。

→ 泡立て器の先をボウルにつけたまま、ぐるぐると円を描いて混ぜる。

② きび砂糖をふるい入れ、塩も加える。

③ ①と同じ混ぜ方で砂糖と塩を全体にゆきわたらせる。

④ 薄力粉をふるい入れ、全粒粉も加える。

⑤ ゴムべらで上から押さえつけたり、ボウルになすりつけたりして、粉をバターに少しずつなじませていく。

→ ボウルのまわりについた粉もへらで落として混ぜ込む。

⑥ かたまりができてきたら、手で握ったりボウルに押しつけたりして1つにまとめる。

→ しっとりとなめらかで、やわらかめの生地になる。

⑦ 30cm四方のオーブンシートを2枚用意し、1枚を下に敷いて中央に⑥をのせ、もう1枚のシートをかけてはさむ。

⑧ オーブンシート越しに生地を手で押さえて5mmほどの厚さにつぶし、生地の左右両側に3mmのルーラーを置いてめん棒で3mm厚さにのばす。

→ ルーラーを使うと簡単に均一な厚さにできる。

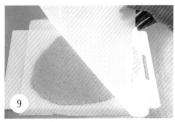
⑨

シートではさんだまま、まな板など
にのせ、冷蔵庫で3時間以上冷やす。
取り出して上下を返して上のシート
をはがす。

⑩

直径6cmの丸型でできるだけ無駄
が出ないように抜く。

→ 残った生地の再利用法は
「残った生地は」（p.11）を
参照。

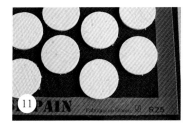
⑪

準備した天板に生地どうしがくっつ
かないように並べる。

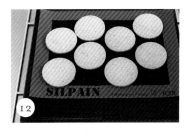
⑫

160℃に予熱したオーブンで22分ほ
ど焼く。焼き上がりの目安は表面に
うっすらと焼き色がつき、裏側はし
っかり色づくくらい。

→ 焼きむらのあるオーブンの
場合は、途中で天板の向き
を変えたり生地を置き換え
たりする。

⑬

生地が反っていたら、オーブンシー
トをかけて軍手をした手のひらで押
さえて平らにする。シルパンごとケ
ーキクーラーに移して冷ます。

⑭

鍋に湯を沸かし、ミルクチョコレー
トをボウルに入れてのせる。温まっ
たらゴムべらで混ぜて溶かす。

→ ボウルの底を湯に当てず、
湯気で間接的に温める。

⑮

⑭を絞り袋に入れて先を7〜8mm
切り、冷めたビスケット6枚の裏側
の中央に絞る。

⑯

残りのビスケットを表を上にしての
せ、上から押さえて円を2〜3周描
くように動かして、チョコレートを
縁からはみ出さない程度に広げる。
オーブンシートではさんでジッパー
付き保存袋に入れ、冷蔵庫で冷やし
固める。

（p.11）

ストロベリーチョコレートサンドビスケット

● 材料
（直径6cmの丸型12枚分／6組分）
バター … 90g
きび砂糖 … 45g
塩 … 0.5g
薄力粉 … 135g
全粒粉 … 13g
サンド用チョコレート
┌ ホワイトチョコレート
│ 　（カカオ分35%）… 50g
│ フリーズドライ
│ 　ストロベリーパウダー
└ 　（市販）… 7g

● 下準備
ミルクチョコレートサンドビ
スケットの下準備（p.42）と
ほぼ同じ。ミルクチョコレー
トの代わりにホワイトチョコ
レートを刻む。

作り方はミルクチョコレート
サンドビスケット（p.42）と
ほぼ同じ。⑭でミルクチョ
コレートの代わりにホワイト
チョコレートを溶かし、フリ
ーズドライストロベリーパウ
ダーを加えて（a）ゴムべら
で混ぜる。

ⓐ

ダークチョコレートサンドビスケット

ココアパウダー入りのビスケットでダークチョコレートをはさみました。芳醇で香り高い、ビターなチョコレートをぜひ使ってください。

● 材料（直径6cmの丸型12枚分／6組分）

バター … 90g
きび砂糖 … 60g
塩 … 0.5g
薄力粉 … 125g
全粒粉 … 13g
ココアパウダー（無糖）… 10g
サンド用チョコレート
｜ ダークチョコレート（カカオ分66%）… 48g

● 下準備
・バターは一部が液状に溶けるくらいやわらかくもどす。
・ダークチョコレートは大きければ包丁で粗く刻む。
・天板にシルパン（またはオーブンシート）を敷く。
・オーブンは160℃に予熱する。

1　ボウルにバターを入れて泡立て器で混ぜてとろりとしたクリーム状に
　　する。きび砂糖をふるい入れ、塩を加えて全体にゆきわたるまですり
　　混ぜる。

2　薄力粉とココアパウダーを合わせてふるい入れ（a）、全粒粉も加え
　　る。ゴムべらで上から押さえつけたり、ボウルになすりつけたりして、
　　粉をバターになじませていく。かたまりができてきたら、手で握った
　　りボウルに押しつけたりして1つにまとめる。

3　30cm四方のオーブンシート2枚ではさんで5〜6mm厚さにつぶし、
　　めん棒で3mm厚さにのばす。冷蔵庫で3時間以上冷やす。

4　取り出して上下を返し、上側のシートをはがして直径6cmの丸型で抜
　　き、準備した天板に並べる（b）。

5　160℃に予熱したオーブンで23分ほど焼く。生地が反っていたら、
　　オーブンシートをかけて軍手をした手のひらで押さえて平らにする
　　（c）。シルパンごとケーキクーラーに移して冷ます（d）。
　　──→ やけどに注意しながら熱いうちに行う。

6　鍋に湯を沸かし、ダークチョコレートをボウルに入れてのせ、ゴムべ
　　らで混ぜて溶かす。絞り袋に入れて先を7〜8mm切り、冷めたビスケ
　　ット6枚の裏側の中央に絞る（e）。
　　──→ ボウルの底を湯に当てず、湯気で間接的に温める（チョコレー
　　　　　トを40℃以上にしない）。

7　残りのビスケットを表を上にしてのせて、チョコレートがはみ出さな
　　い程度に押さえる。冷蔵庫で冷やし固める。

ヘーゼルナッツビスケットではさんだのは、ミルクチ
ョコレートにヘーゼルナッツプラリネペーストを混ぜ
たもの。チョコとナッツの相性のよさが実感できます。

ヘーゼルナッツサンドビスケット

46

● 材料

（長径6.5×短径4.5cmのオーバル菊型12枚分／6組分）

ヘーゼルナッツ（無塩・ロースト）… 17g

ヘーゼルナッツプラリネペースト（市販）… 17g

バター… 90g

粗糖… 55g

塩… 1g

薄力粉… 80g

強力粉… 60g

全粒粉… 35g

サンド用ヘーゼルナッツチョコレート

　ミルクチョコレート（カカオ分37%）… 25g

　ヘーゼルナッツプラリネペースト（市販）… 18g

● 下準備

・ヘーゼルナッツは包丁の腹で押しつぶしてから粗めに刻む。

・ヘーゼルナッツプラリネペーストは常温にもどす。

・バターは一部が液状に溶けるくらいやわらかくもどす。

・ミルクチョコレートは大きければ包丁で粗く刻む。

・天板にシルパン（またはオーブンシート）を敷く。

・オーブンは160℃に予熱する。

1　ボウルにバターを入れて泡立て器で混ぜてとろりとしたクリーム状にし、粗糖と塩を加えて全体にゆきわたるまですり混ぜる。

2　薄力粉と強力粉を合わせてふるい入れ、全粒粉を加える。ゴムべらで上から押さえつけたり、ボウルになすりつけたりして、粉をバターになじませていく。かたまりができたら、手で握ったりボウルに押しつけたりして1つにまとめる。

3　30cm四方のオーブンシート2枚ではさんで5〜6mm厚さにつぶし、めん棒で3mm厚さにのばす。冷蔵庫で3時間以上冷やす。

4　取り出して上下を返し、上側のシートをはがして長径6.5×短径4.5cmのオーバル菊型で抜く。準備した天板に並べ、160℃に予熱したオーブンで23分ほど焼く。焼き上がりの目安は表面にうっすらと焼き色がつき、裏側はしっかり色づくくらい。

　　──▶ 焼きむらのあるオーブンの場合は、途中で天板の向きを変えたり生地を置き換えたりする。

5　生地が反っていたら、オーブンシートをかけて軍手をした手のひらで押さえて平らにして、シルパンごとケーキクーラーに移して冷ます。

　　──▶ やけどに注意しながら熱いうちに行う。

6　鍋に湯を沸かし、ミルクチョコレートをボウルに入れてのせる。溶けてきたらヘーゼルナッツプラリネペーストを加え、ゴムべらでむらなく混ぜる（a）。

　　──▶ ボウルの底を湯に当てず、湯気で間接的に温める（チョコレートを40℃以上にしない）。

7　⑥を絞り袋に入れて先を7〜8mm切り、冷めたビスケット6枚の裏側の中央に絞る（b）。残りのビスケットを表を上にしてのせて、チョコレートがはみ出さない程度に押さえる（c）。冷蔵庫で冷やし固める。

ピスタチオサンドビスケット

ホワイトチョコレートにピスタチオペーストを混ぜて、
ピスタチオ風味の全粒粉ビスケットではさみました。

ミルクチョコレートにアーモンドプラリネペーストを
混ぜて、アーモンド風味の全粒粉ビスケットでサンド。

アーモンドサンドビスケット

48

ピスタチオサンドビスケット

● **材料** （直径5.5cmの菊型12枚分／6組分）
ピスタチオ（無塩・ロースト）… 17g
ピスタチオペースト（市販）… 17g
バター … 90g
粗糖 … 55g
塩 … 1g
薄力粉 … 80g
強力粉 … 60g
全粒粉 … 35g
サンド用ピスタチオチョコレート
　ホワイトチョコレート（カカオ分35％）
　　… 30g
　ピスタチオペースト（市販）… 9g

● **下準備**
・ピスタチオは包丁で粗めに刻む。
・ピスタチオペーストは常温にもどす。
・バターは一部が液状に溶けるくらいやわらかくもどす。
・ホワイトチョコレートは大きければ包丁で粗く刻む。
・天板にシルパン（またはオーブンシート）を敷く。
・オーブンは160℃に予熱する。

1　ピスタチオビスケット（p.27）の作り方①〜④と同様に生地を混ぜる。

2　30cm四方のオーブンシート2枚で①をはさんで5〜6mm厚さにつぶし、めん棒で3mm厚さにのばす。冷蔵庫で3時間以上冷やす。

3　取り出して上下を返し、上側のシートをはがして直径5.5cmの菊型で抜く。準備した天板に並べ、160℃に予熱したオーブンで23分ほど焼く。生地が反っていたら、オーブンシートをかけて軍手をした手のひらで押さえて平らにする。シルパンごとケーキクーラーに移して冷ます。

4　鍋に湯を沸かし、ホワイトチョコレートをボウルに入れてのせる。溶けてきたらピスタチオペーストを加え、ゴムべらでむらなく混ぜる。

5　絞り袋に④を入れて先を7〜8mm切り、冷めたビスケット6枚の裏側の中央に絞る（a）。残りのビスケットを表を上にしてのせ、チョコレートがはみ出さない程度に押さえる。冷蔵庫で冷やし固める。

a

アーモンドサンドビスケット

● **材料** （直径6cmの丸型12枚分／6組分）
アーモンド（無塩・ロースト）… 17g
アーモンドプラリネペースト（市販）… 17g
バター … 90g
粗糖 … 55g
塩 … 1g
薄力粉 … 80g
強力粉 … 60g
全粒粉 … 35g
サンド用アーモンドチョコレート
　ミルクチョコレート（カカオ分37％）
　　… 25g
　アーモンドプラリネペースト（市販）
　　… 18g

● **下準備**
・アーモンドは包丁で粗めに刻む。
・アーモンドプラリネペーストは常温にもどす。
・ミルクチョコレートは大きければ包丁で粗く刻む。
・バター、天板、オーブンの下準備はピスタチオサンドビスケット（上記）と同じ。

1　アーモンドビスケット（p.25）の作り方①〜④と同様に生地を混ぜる。

2　ピスタチオサンドビスケット（上記）の作り方②、③と同様に生地をのばして直径6cmの丸型で抜いて焼く。

3　鍋に湯を沸かし、ミルクチョコレートをボウルに入れてのせる。溶けてきたらアーモンドプラリネペーストを加え、ゴムべらでむらなく混ぜる。

4　ピスタチオサンドビスケット（上記）の作り方⑤と同じ要領で②で③をはさむ。

レーズンサンドビスケット

バタークリームにもビスケットにも、ラム酒漬けレーズンを混ぜてあります。粗糖のざくっとした食感と、かすかな塩けがクリームを際立たせています。

● 材料 （6×4cmの角型16枚分／8組分）
ラムレーズン（p.34の下準備参照）… 35g
バター … 90g
粗糖 … 55g
塩 … 1g
強力粉 … 150g
全粒粉 … 25g
サンド用バタークリーム
　ラムレーズン（同上）… 25g
　バター … 50g
　粗糖 … 13g
　塩 … 0.5g

● 下準備
・生地用のバター90gは、溶けない程度にやわらかくもどす。
・バタークリーム用のバターは、一部が液状に溶けるくらいやわらかくもどす（a）。
・天板にシルパン（またはオーブンシート）を敷く。
・オーブンは160℃に予熱する。
・ラムレーズンは汁けをきった状態で計量し、合わせてフードプロセッサーにかけて細かくする。ビスケット用（35g）とバタークリーム用（25g）に分ける。

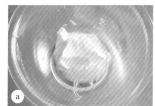

1　ボウルにバター90gを入れて泡立て器で混ぜてクリーム状にし、粗糖と塩を加え、混ぜて全体にゆきわたらせる。ビスケット用のラムレーズンを加えてむらなく混ぜ、さらに泡立てて空気を含ませ、ふわっと白っぽい状態にする。

2　強力粉をふるい入れて全粒粉も加え、ゴムべらで上から押さえつけたり、ボウルになすりつけたりして、粉をバターに少しずつなじませていく。なじんだら、手で握ったりボウルに押しつけたりして1つにまとめる。

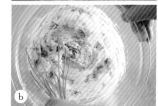

3　30cm四方のオーブンシート2枚ではさんで5〜6mm厚さにつぶし、めん棒で3mm厚さにのばす。冷蔵庫で3時間以上冷やす。

4　取り出して上下を返し、上側のシートをはがして6×4cmの角型で抜く。準備した天板に並べ、160℃に予熱したオーブンで18分ほど焼く。生地が反っていたら、オーブンシートをかけて軍手をした手のひらで押さえて平らにし、シルパンごとケーキクーラーに移して冷ます。

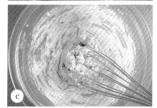

5　サンド用バタークリームを作る。ボウルにバターを入れ、泡立て器で混ぜてとろりとしたクリーム状にする。粗糖、塩、ラムレーズンを加えてむらなく混ぜる（b）。さらに空気を含んで白っぽくなるまで泡立てる（c）。

6　片目口金（口幅28mm）をつけた絞り袋に⑤を入れ、冷めたビスケット8枚の裏側に絞り出す（d）。縁5mmは残す。残りのビスケットを表を上にしてのせて押さえる（e）。冷蔵庫で冷やし固める。
　　─→　バタークリームが溶けないように冷蔵庫で保存する。

シヅカ洋菓子店の定番商品に、ビスケットで季節のジャムをはさん
だサンドビスケットがあります。これを家庭で手軽にお楽しみいた
だくために、ジャムの作り方をご紹介します。いろいろなビスケッ
トにのせて、お好みの組み合わせを探ってみてください。

ジャムとともにビスケットを楽しむ

どんなジャムとも相性がいいのが、
プレーンなハニービスケットと全
粒粉ビスケット。ご家庭で楽しむ
なら、サンドするよりシンプルに
ジャムをひとすくいのせてかじっ
てみてください。甘酸っぱくてみ
ずみずしいジャムが、ビスケット
の香ばしさと響き合います。

オレンジジャム

グレープフルーツを思わせるさわ
やかな香りのニューサマーオレン
ジをミネラル豊かな粗糖で煮まし
た。ダブルカカオビスケットとの
相性が抜群です。
(作り方は p.55)

ストロベリージャム

甘さと酸味を兼ね備えたいちごで
作るとおいしいジャムに仕上がり
ます。プレーンなビスケットにも、
チョコレート味のものにも合いま
す。
(作り方は p.54)

パッションフルーツと
パイナップルのジャム

さわやかで甘酸っぱくて、香り豊
かな南国のフルーツの組み合わせ。
全粒粉ビスケットにひとたらしし
て、デザート感覚で楽しむのもお
すすめ。
(作り方は p.55)

カシスジャム

ベリーの仲間で、鮮烈な酸味が特
徴のカシス。ペクチンを多く含む
ので、ぽってりと濃度のあるジャ
ムになります。ざくざくと歯ごた
えのあるビスケットに合います。
(作り方は p.55)

ス
ト
ロ
ベ
リ
ー
ジ
ャ
ム

● 材料 （容量180mlの保存びん 3本分）

いちご（国産）… 正味300g

粗糖 … 150g

● 下準備

・いちごは洗ってへたを切り落とし、傷んだ箇所があれば切り取って、正味量をはかる。

・いちごをジッパー付き保存袋に入れ、冷凍庫で凍らせる。

　　—→ 冷凍すると解凍時に果汁が出やすくなり、また煮上がり時に果肉感がしっかり残る。

・袋からボウルに取り出して粗糖を加え、冷蔵庫に一晩おいて解凍する。

　　—→ 果汁がしみ出してシロップがたっぷりたまる（a）。

1　深めの鍋に解凍したいちごをシロップごと移して強火にかけ、ぐつぐつと煮る。

　　—→ 煮立ってジャムが飛び散ることがあるため、深めの鍋を使う。弱火で時間をかけて煮るのではなく、強めの火加減で短時間で煮詰める。

2　アクが出たら、すくい取る（b）。煮詰まるにつれて底が焦げやすくなるので、ときどきへらで鍋底をこするように混ぜる。

3　へらでこすったあとが残るくらいとろみがついたら（c）、火からおろす。

　　—→ 煮上がりの糖度は 60 度。

4　殺菌したふた付きびんに熱々のジャムを縁すれすれまで入れる（d）。

　　—→ やけどに注意（軍手などをする）。

5　ふたをして、逆さにしてケーキクーラーにのせて冷ます（e）。

パッションフルーツとパイナップルのジャム

● **材料** （容量180mlの保存びん3本分）
パッションフルーツ（国産）… 正味30g
パイナップル（国産）… 正味270g
粗糖… 150g

● **下準備**
・パッションフルーツはスプーンで果肉を種ごと取り出して正味量をはかる。
・パイナップルは皮と芯を切り取って正味量をはかる。
・パッションフルーツとパイナップルを合わせてジッパー付き保存袋に入れ、冷凍庫で凍らせる。
・袋からボウルに取り出して粗糖を加え、冷蔵庫に一晩おいて解凍する。
　── 果汁がしみ出してシロップがたっぷりたまる（a）。

1　深めの鍋に解凍したパッションフルーツとパイナップルをシロップごと移し、ストロベリージャムの ① 〜 ⑤ と同様に作る。

カシスジャム

● **材料** （容量180mlの保存びん3本分）
カシス（ブラックカラント、国産）… 300g
粗糖… 150g

● **下準備**
・カシスは洗って水けをふき取り、ジッパー付き保存袋に入れる。冷凍庫で凍らせる。
　── 冷凍品を使う場合はそのまま使う。
・袋からボウルに取り出して粗糖を加え、冷蔵庫に一晩おいて解凍する。
　── 果汁がしみ出してシロップがたっぷりたまる（a）。

1　深めの鍋に解凍したカシスをシロップごと移し、ストロベリージャムの ① 〜 ⑤ と同様に作る。

オレンジジャム

● **材料** （容量180mlの保存びん3本分）
ニューサマーオレンジ（国産）… 5個（正味300g）
粗糖… 150g

● **下準備**
・ニューサマーオレンジは洗って水けをふき取り、皮をむく。皮は内側の白いわたを取り除いてせん切りにする。果肉は薄皮から果汁ごと取り出す。

1　深めの鍋に準備した皮、果肉と果汁を入れ、粗糖を加えて強火にかけ、ストロベリージャムの ① 〜 ⑤ と同様に作る。

右は取り出した果肉と果汁、左は白いわたを取り除いてせん切りにした皮。わたは苦みのもとになるので丁寧に取り除く。

焼き菓子

　パウンドケーキのおもな材料は、バター、砂糖、卵、小麦粉。この4つの材料の分量比を変えることで、味わいや食感が変化します。シヅカ洋菓子店のレシピのベースにあるのは、4つの材料が同量の、クラシックな四同割の配合。これをもとにして、焼き込む材料に応じて一品一品に調整を加えています。

　たとえばドライいちじくを焼き込んだフィグパウンドケーキは、いちじくの風味と相性のよい黒砂糖を使い、いちじくの甘みを生かすために量を控えめにしています。食感はふわふわと軽すぎず、かといってどっしりと重すぎず、ほどよく目の詰まった感じにするため、薄力粉と強力粉を同量ずつ混ぜています。

　いっぽう、旬の国産レモンを焼き込んだレモンパウンドケーキは、その香り高さを生かすためにバターの一部をサワークリームに置き換えて、乳酸発酵の心地よい酸味を重ねました。さわやかな風味にはやさしい食感が合うので、こちらの小麦粉は薄力粉だけです。

　パウンドケーキは焼いている間に膨らんで、表面が割れて焼き上がります。この形でももちろんよいのですが、シヅカ洋菓子店ではふたつきの型を使い、四角く焼き上げています。こうすると膨らみがおさえられてきめが細かくなり、よりしっとりとします。四角く整った形は包みやすく、贈りものにもぴったり。本書では、ふたつきの型がなくても作れるよう、焼き上がったら上下を返して重しをのせて冷ますレシピにしています。

　マドレーヌやフィナンシェなど、お店で人気の焼き菓子もご紹介します。

フィグパウンドケーキ

しっとりとしてほどよく目の詰まった生地は、黒砂糖
の色合いを映したブラウンカラー。干しいちじくのぷ
ちぷちとした食感と甘みが絶妙なアクセント。

（作り方はp.60）

マロンパウンドケーキ

黒糖風味の生地に栗の渋皮煮を焼き込みました。黒砂
糖のコクと渋皮煮の滋味あふれる甘みは相性抜群。旬
を味わう秋のケーキとしておすすめです。

（作り方は p.61）

フィグパウンドケーキ

● 材料
（12×7×高さ5cmのパウンド型2台分）
ドライいちじく … 80g
バター … 110g
黒砂糖 … 110g
塩 … 1g
卵（溶きほぐす）… 120g
薄力粉 … 50g
強力粉 … 50g
ベーキングパウダー … 1.5g

● 下準備
・ドライいちじくは熱湯で20秒ほどゆがき（a）、引き上げてペーパータオルで水けをしっかりとふき取る（b）。1cm角に切る。
・バターは室温（または電子レンジ）でやわらかくもどす。目安は指で簡単につぶせて、一部が液状に溶けるくらい（c）。
・黒砂糖はかたまりがあればつぶして粉状にする。
・卵は常温にもどす。
・型にオーブンシートを敷き込む。
・天板にシルパンを敷く（型のすべり止め）。
・オーブンは160℃に予熱する。

ボウルにバターを入れ、泡立て器で混ぜてとろりとしたクリーム状にする。ここに黒砂糖の2/3量と塩を加える。

しっかりとすり混ぜる。

→ 泡立て器の先をボウルにつけたまま、ぐるぐると円を描いて混ぜる。

別のボウルに溶きほぐした卵を入れ、残りの黒砂糖を加えて泡立て器でむらなく混ぜる。

鍋に湯を沸かし、③のボウルをのせて卵液が人肌に温まるまで混ぜ続ける。

→ ボウルの底を湯に当てず、湯気で間接的に温める。温めることでバターと混ぜたときに分離しにくくなる。ただし、40℃以上になると卵が凝固し始めるので注意。

④を5回に分けて②に加えていき、加えるたびに泡立て器でよく混ぜて乳化させ、完全に乳化してから次の分を加える。

→ 卵の量が多いため、混ぜ方が不十分だと乳化せずに分離してしまうし、加える量が多すぎるといくら混ぜても乳化しない。

準備したいちじくを加え、泡立て器で混ぜて全体にゆきわたらせる。

薄力粉、強力粉、ベーキングパウダーを合わせてふるい入れる。

②と同じ混ぜ方で、粉が見えなくなるまで混ぜる。

→ 必要以上に混ぜない。混ぜすぎると粘りが出てケーキがかたくなる。

⑨ ボウルの側面についた生地や粉をゴムべらで落として、すべて生地に混ぜ込む。

⑩ 絞り袋に ⑨ を入れ、袋の先を1cmほど切り、準備した型に絞り入れる。1台あたり250gが目安。

→ ねっとりとした生地を細めの型に入れるので、絞り袋を使うと作業がしやすい。

⑪ たたんだタオルの上に ⑩ の底を3〜4回打ちつける。

→ 型の隅々まで生地をゆきわたらせ、生地内の粗い気泡をつぶすため。

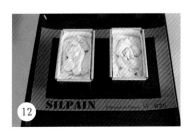

⑫ 天板に間隔をあけて並べる。160℃に予熱したオーブンに入れて合計55分ほど焼く。20分焼いたら天板の向きを180度変え、さらに20分焼いて色づきにむらがあれば型の向きを変え、さらに15分焼く。

⑬ 生地が大きく膨らんで中央が割れ、まん中に竹串を刺して生地がついてこなければ焼き上がり。

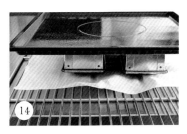

⑭ ケーキクーラーの上にオーブンシートを敷き、⑬ を逆さにしてのせ、型の上に天板をのせた状態で粗熱を取る。

→ 天板を重しにして膨らみを押さえる。膨らんだままの形がよければ、逆さにせず、天板ものせずに冷ます。

⑮ 下の面がほぼ平らになったら型から出し、逆さのまま完全に冷ます。

> **食べごろと保存方法**
> 空気が入らないようにラップでぴっちりと包み、冷暗所におく。2日後がしっとりとして食べごろ。それより長く保存する場合は冷蔵庫へ。保存期間は5〜6日間ほど。

マロンパウンドケーキ

● **材 料**（12×7×高さ5cmのパウンド型2台分）
栗の渋皮煮 … 4〜5個（80g）
バター … 110g
黒砂糖 … 110g
塩 … 1g
卵（溶きほぐす）… 120g
薄力粉 … 50g
強力粉 … 50g
ベーキングパウダー … 1.5g

● **下準備**
・栗の渋皮煮はシロップをふき取り、1cm角に切る（a）。
・バター、黒砂糖、卵、型、天板、オーブンの下準備は、フィグパウンドケーキ（p.60）と同じ。

作り方はフィグパウンドケーキ（p.60）とほぼ同じ。⑥でいちじくの代わりに角切りにした栗の渋皮煮を加える。

a

バナナパウンドケーキ

バナナをキャラメルでソテーして、つぶして生地に練り込みました。生地とキャラメルバナナの甘さのグラデーションを、隠し味程度の微量の塩が際立てます。

● 材料（12×7×高さ5cmのパウンド型2台分）
キャラメルバナナペースト（作りやすい分量）
　バナナ … 1本（皮つきで150g）
　粗糖 … 100g
　水 … 20g
バター … 120g
卵（溶きほぐす）… 120g
粗糖 … 86g
塩 … 1.8g
薄力粉 … 115g
ベーキングパウダー … 3g

● 下準備
・バターは指で簡単につぶせて、一部が液状に溶けるくらいやわらかくもどす。
・卵は常温にもどす。
・型にオーブンシートを敷き込む。
・天板にシルパンを敷く（型のすべり止め）。
・オーブンは160℃に予熱する。

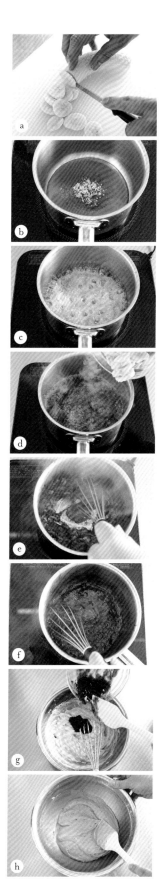

1　バナナは皮をむいて3mm厚さの輪切りにする（a）。深めの鍋に粗糖と水を入れて中火にかけ、混ぜずに熱し続ける（b）。
　　──▶ キャラメルが飛び散ってやけどしないよう深めの鍋を使う。

2　しばらくするとブクブクと泡が立ち始め、黄色っぽく色づく（c）。徐々に色が濃くなり、甘く香ばしい香りもしてくる。煙が立ち始めて全体が焦げ茶色になったら①のバナナを加え（d）、火を止める。

3　泡立て器でよく混ぜ（e）、バナナをつぶしながらキャラメルに混ぜ込む。大きなかたまりがなくなったら混ぜ上がり（f）。容器に取り出して粗熱を取る。ここから96gを使用する。
　　──▶ 残りはアイスクリームやパンケーキにかけてもよい。保存する場合は冷蔵庫へ（固まったら電子レンジで溶かす）。

4　ボウルにバターを入れ、泡立て器で混ぜてとろりとしたクリーム状にする。粗糖の2/3量と塩を加えてすり混ぜる。

5　別のボウルに溶きほぐした卵を入れ、残りの粗糖を加えて泡立て器でむらなく混ぜる。湯の沸いた鍋にのせ、卵液が人肌に温まるまで混ぜ続ける。

6　⑤を6〜7回に分けて④に加えていき、加えるたびに泡立て器でしっかりと混ぜて乳化させる。
　　──▶ とても分離しやすいので少量ずつ加え、完全に乳化させてから次の分を加える。

7　⑥に③の96gを2回に分けて加え（g）、そのつど泡立て器でむらなく混ぜる。

8　フィグパウンドケーキ（p.60〜61）の⑦〜⑨の要領で生地に粉を混ぜ込み（h）、⑩〜⑮の要領で型に絞り入れて焼き、冷ます。

レモンパウンドケーキ

バターの一部をサワークリームに置き換えて作りました。サワークリームの乳酸発酵による穏やかな酸味がレモンの酸味と重なって、さわやかな味わいに。

● 材料 （12×7×高さ5cmのパウンド型2台分）
レモンの皮（国産）… 2個分
レモンの搾り汁（国産）… 1個分
バター … 40g
卵 … 2個
粗糖 … 130g
塩 … 2g
サワークリーム … 65g
薄力粉 … 105g
ベーキングパウダー … 2g

● 下準備
・卵、サワークリームは常温にもどす。
・型にオーブンシートを敷き込む。
・天板にシルパンを敷く（型のすべり止め）。
・オーブンは160℃に予熱する。

1　レモンの皮はグレーター（またはおろし金）ですりおろして器に入れ、
　　レモンの搾り汁をこし入れる（a）。
　　—→ 皮は白い部分まですりおろさず、黄色の部分だけを使う。

2　鍋に湯を沸かし、バターをボウルに入れてのせて温める。液状に溶け
　　たら、鍋からおろす。

3　別のボウルに卵を入れて溶きほぐし、粗糖と塩を加え（b）、泡立て
　　器ですり混ぜる。

4　さらに別のボウルにサワークリームを入れ、③の1/4量を加えて泡
　　立て器で混ぜて（c）、完全になじませる。

5　④を残りの③に加え（d）、泡立て器でむらなく混ぜる。さらに①
　　を加え（e）、よく混ぜて全体にゆきわたらせる。

6　薄力粉とベーキングパウダーを合わせて⑤にふるい入れ（f）、泡
　　立て器で混ぜる。粉が見えなくなったら②を全量加え（g）、全体
　　が均一になるまで混ぜる。

7　ボウルの側面についた生地や粉をゴムべらで落として、すべて生地に
　　混ぜ込む（h）。

8　絞り袋に⑦を入れて袋の先を1cmほど切り、準備した型に絞り入れ
　　る。たたんだタオルの上に型の底を3〜4回打ちつける。

9　天板に⑧を並べ、160℃に予熱したオーブンで合計55分ほど焼く。
　　20分焼いたら天板の向きを180度変え、さらに20分焼いて色づき
　　にむらがあれば型の向きを変えて15分ほど焼く。

10　まん中に竹串を刺して生地がついてこなければ焼き上がり。フィグパ
　　ウンドケーキ（p.60〜61）の⑭、⑮の要領で冷ます。

チョコレート&オレンジパウンドケーキ

チョコレートパウンドは、カカオの油脂の影響できめが詰まって重量感が出ます。オレンジの甘くさわやかな香りを漂わせて、軽やかなニュアンスをプラス。

● 材料

（12 × 7 × 高さ 5 cm のパウンド型 2 台分）

バター … 160g

粗糖 … 100g

卵（溶きほぐす）… 120g

ダークチョコレート

　（カカオ分66%）… 66g

薄力粉 … 80g

ココアパウダー（無糖）… 13g

ベーキングパウダー … 1.2g

オレンジピールペースト … 30g

● 下準備

・バターは指で簡単につぶせて、一
　部が液状に溶けるくらいやわらか
　くもどす。

・卵は常温にもどす。

・チョコレートは大きければ包丁で
　粗く刻む。

・型にオーブンシートを敷き込む。

・天板にシルパンを敷く（型のすべ
　り止め）。

・オーブンは160℃に予熱する。

1　ボウルにバターを入れ、泡立て器で混ぜてとろりとしたクリーム状に
　して、粗糖の2/3量を加えてすり混ぜる。

2　鍋に湯を沸かし、チョコレートを別のボウルに入れてのせる。温まっ
　たら、ゴムべらで混ぜて溶かす（a）。

3　さらに別のボウルに卵を入れて溶きほぐし、残りの粗糖を加えて泡立
　て器でむらなく混ぜる。鍋に湯を沸かしてボウルをのせ、卵液が人肌
　に温まるまで混ぜ続ける。

4　③を3回に分けて①に加えていき、加えるたびに泡立て器でよく
　混ぜて乳化させ、完全に乳化してから次の分を加える。

5　さらに別のボウルにオレンジピールペーストを入れ、④の1/4量を
　加えてゴムべらで混ぜる（b）。これを④に戻して泡立て器でむら
　なく混ぜる。

6　⑤に②を加え（c）、手早く、むらなく混ぜる（d）。

7　薄力粉、ココアパウダー、ベーキングパウダーを合わせてふるい入れ
　（e）、粉が見えなくなるまで泡立て器で混ぜる（f）。

8　ボウルの側面についた生地や粉をゴムべらで落として、すべて生地に
　混ぜ込む（g）。

9　絞り袋に⑧を入れて袋の先を1cmほど切り、準備した型に絞り入れ
　る。たたんだタオルの上に型の底を3～4回打ちつける。

10　天板に⑨を間隔をあけて並べ、160℃に予熱したオーブンで合計50
　　分ほど焼く。20分焼いたら天板の向きを180度変え、さらに20分
　　焼いて色づきにむらがあれば型の向きを変えてさらに10分焼く。

11　まん中に竹串を刺して生地がついてこなければ焼き上がり。フィグパ
　　ウンドケーキ（p.60～61）の⑭、⑮の要領で冷ます。

オレンジピールペースト

オレンジの皮をミンチにして砂糖
で煮たもの。ペースト状になって
いるので生地に混ざりやすく、風
味づけに便利。

ハニーマドレーヌ

バターを溶かして混ぜ込むのが、マドレーヌ作りの特徴です。ほのかにはちみつの風味がして、口あたりはふんわり、しっとり。やさしい甘さがおやつ向き。

● **材料**（縦6.5×横6×深さ1.5cmのマドレーヌ型18個分）

バター … 120g
卵 … 3個
はちみつ … 20g
粗糖 … 100g
塩 … 1g
薄力粉 … 120g
ベーキングパウダー … 3g

● **下準備**

・卵は室温にもどす。
・型に溶かしバター（分量外）をはけで塗る（a）。
・天板にシルパンを敷く（型のすべり止め）。
・オーブンは170℃に予熱する。

1　鍋に湯を沸かし、バターをボウルに入れてのせる（b）。液状に溶けたら、鍋からおろす。

2　別のボウルに卵を割り入れて泡立て器で溶きほぐし、はちみつを加え（c）、むらなく混ぜる。粗糖と塩も加えてむらなく混ぜる。

3　さらに別のボウルに薄力粉とベーキングパウダーを合わせてふるい入れ、中央をくぼませて ② の1/3量を加え、泡立て器で中央付近を混ぜる（d）。

4　中央の粉が混ざったら、残りの ② の半量を加え、まわりの粉を少しずつ崩して混ぜ込んでいく。粉がすべて混ざったら、残りの ② を加えてむらなく混ぜる。
　　──▶ もっちりとした粘りの強い生地になる。

5　④ に ① を3回に分けて加え（e）、加えるたびに泡立て器でよく混ぜて乳化させる。ボウルのまわりについた粉や生地をゴムべらで落として、すべて生地に混ぜ込む（f）。

6　絞り袋に ⑤ を入れて袋の先を7～8mm切り、準備した型に絞る（g）。1個あたり24gが目安。たたんだタオルの上に型を2～3回打ちつける。
　　──▶ 絞りきれなかった生地は室温におく。冷蔵庫に入れるとしまってかたくなってしまう。

7　天板に ⑥ をのせ、170℃に予熱したオーブンで合計20分ほど焼く。10分たったら天板の向きを180度変え、さらに10分焼く。

8　表面に焼き色がつき、裏側もしっかり色づいていれば焼き上がり（h）。ケーキクーラーにオーブンシートを敷き、その上に模様を上に向けて並べて冷ます。

フィナンシェ

バターを焦げ茶色になるまで熱して生地に混ぜ込むから、味わいは香ばしく、色はこんがりした茶色。卵は卵白だけを使って、かための食感に焼き上げます。

● 材料 （縦8×横4.5×深さ1.5cmのフィナンシェ型6個分）

バター … 30g

卵白 … 70g

はちみつ … 16g

粗糖 … 50g

塩 … 0.5g

アーモンドパウダー … 50g

薄力粉 … 12g

● 下準備

・卵白は常温にもどす。

・型に溶かしバター（分量外）をはけで塗る。

・オーブンは170℃に予熱する。

1　鍋にバターを入れ、中火にかけて溶かす。プツプツと沸いてきたら、泡立て器で混ぜながら熱し続ける（a）。

　　──▶ ここからは絶えず混ぜ続けて焦げむらができないようにする。

2　徐々に色が濃くなってくる。香ばしい香りがして全体が焦げ茶色になったら、鍋底を水に浸して温度上昇を止め（b）、冷ます。

　　──▶ 焦がしすぎると焦げくさい味になるので注意。

3　ボウルに卵白とはちみつを入れ、泡立て器で卵白のコシを切ってほぐしつつ、むらなく混ぜる（c）。

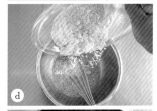

4　別のボウルに粗糖、塩、アーモンドパウダーを入れ、薄力粉をふるい入れて泡立て器でむらなく混ぜる。

5　③に④を加え（d）、粉が見えなくなるまで混ぜる。

6　⑤に②を加え（e）、むらなく混ぜる（f）。

7　絞り袋に⑥を入れて袋の先を7〜8mm切り、準備した型に絞る（g）。1個あたり32gが目安。たたんだタオルの上に型を2〜3回打ちつける。

8　天板に⑦をのせ、170℃に予熱したオーブンで合計25分ほど焼く。15分たったら天板の向きを180度変え、さらに10分焼く。

9　表面に焼き色がつき、裏側もしっかり色づいていれば焼き上がり（h）。ケーキクーラーにオーブンシートを敷き、その上に上下を返して並べて冷ます。

メレンゲ　卵白にさとうきび由来の砂糖と香り豊かなバニラビーンズを混ぜて焼き上げます。溶けきらずに残った粗糖が、オーブンの熱でキャラメルのような味わいに。

● 材料（3㎝大のもの約50個分）
卵白 … 50g
粗糖 … 50g
きび砂糖 … 25g
バニラビーンズ（さやを切り開いてこそぎ取ったもの）… 0.5g

● 下準備
・卵白は常温にもどす。
・オーブンは100℃に予熱する。

1　ボウルに卵白を入れ、ハンドミキサーの低速でほぐす。完全にコシが切れたら粗糖の1/3量を加え（a）、中速で泡立てる。

2　泡立ってカサが増えてきたら、高速にする（b）。羽根のあとが残るくらいに泡立ったら、残りの粗糖の半量を加え、泡立て続ける（c）。
　　──▶ 砂糖を加えると、いったんやわらかくなる。

3　再び羽根のあとが残るくらいに泡立ったら、残りの粗糖を加えてツノが立つまで泡立てる（d）。

4　きび砂糖を加え、ゴムべらで切るように混ぜて（e）全体にゆきわたらせる。

5　絞り袋に丸口金（11番・直径11㎜）をつけ、④ を入れる。天板の四隅に生地を少量ずつ絞り（f）、オーブンシートをはりつける。
　　──▶ 生地がめくれ防止ののり代わりになる。

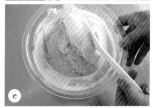

6　⑤ の天板に生地を絞っていく。まず、絞り袋をオーブンシートから5〜6㎜高さの位置に固定して真下に絞る。生地が直径3㎝弱の大きさになったら、絞り袋を上にすっと上げて生地を切る（g）。
　　──▶ 焼くと横に膨らむので間隔をあける。天板が2枚あれば、2枚目も同様に絞り、⑦ で2枚を同時に焼く（絞る前の状態で保存せず、全量を絞って同時に焼くことが大切）。

7　100℃に予熱したオーブンに ⑥ を入れ、合計2時間ほど焼く。1時間30分たったら天板の向きを180度変え、さらに30分焼く。

8　表面がうっすらと色づき、裏側がしっかり色づいていたら焼き上がり（h）。スイッチを切ったオーブンに戻して粗熱が取れるまでおき、乾燥したら天板ごとケーキクーラーにのせて冷ます。
　　──▶ オーブン庫内の余熱を利用して乾燥させる。

┌─────────────────────────────┐
│ ○ 保存方法   │
│ 湿気やすいので、乾燥剤とともに   │
│ びんに入れて密閉し、常温におく。   │
└─────────────────────────────┘

お菓子を贈る

缶に詰める

この本のレシピのように、ビスケットの大きさがほぼそろっていると、すっきりきれいに詰め合わせることができます。写真の缶は店で使っている18×12×高さ7cmのもの。グラシンペーパーやオーブンシートを敷いて、ビスケットを立てたり積んだり。使う缶に合わせて抜き型のサイズを選ぶのもひとつの方法です。

お菓子を手作りすると、だれかとおいしさを分かち合いたくなるものです。シヅカ洋菓子店でも、白い缶にビスケットを詰め合わせた商品が、ギフトや手土産にご好評をいただいています。お菓子の魅力を素直に見せる、贈り方のアイディアをご紹介します。

紙で包む

さりげなく感謝の気持ちを伝えたい —— そんな場面に似つかわしいのが、こんなラッピング。ビスケットを2〜3枚またはパウンドケーキ1〜2切れをラップフィルムで二重に包み、好みの用紙でキャラメル包みに。和紙の紙糸を1本かけると、どこかあらたまった印象に。

びんに詰める

密閉度が高いスクリューキャップのびんは、メレンゲのように湿気をきらうお菓子に最適です。ボール紙を帯状に切り、びんが収まるサック状に折り、継ぎ目をテープで固定します。好みのラッピングペーパーでさらにひと巻き。お菓子を見せつつ、緩衝材の役目も果たすラッピングアイディアです。

OPP袋に入れる

あいさつ代わりにメッセージとともに贈るなら、こんな方法はいかがでしょう。外袋はポストカードが入っていたテープ付きOPP袋をそのまま使います。カードとビスケットの間にOPPシートをはさんで油染みを防ぐのを忘れずに。OPP袋やシートは製菓材料店でも購入できます。

基本の材料

a 小麦粉

小麦粉はお菓子の骨格を作る重要な材料です。

薄力粉（左上）はタンパク質の含有量が少なく粘りやコシが出ないため、やさしい食感のお菓子になります。

強力粉（右上）はタンパク質の含有量が多いのでグルテンが出やすく、しっかりとした歯ごたえのお菓子に向いています。

全粒粉（下）は小麦の皮と胚芽を含み、焼くと香ばしい風味とざくざくした食感を生みます。

シヅカ洋菓子店では、すべて国産小麦を原料にした小麦粉を使用しています。これらを混ぜたり使い分けたりすることで、目指す食感を作り出しています。

b 砂糖

きび砂糖（左上）はさとうきびを搾った液を軽く精製して煮詰め、パウダー状にしたものです。さとうきびのミネラル分や風味が残っているので、精製度の高い白砂糖よりコクがあり、甘みがやさしいのが特徴です。

粗糖（右上）も原料はさとうきび。きび砂糖より精製度が低いので風味もコクもやや強く、結晶の粒が大きいのが特徴です。生地に混ぜても溶けきらず、じゃりっ、ざくっとした食感が残ります。

さらに精製度が低くて風味が強いのが、**黒砂糖**（下）。ブロック状のものよりパウダー状のもののほうが生地に混ぜやすく便利です。シヅカ洋菓子店ではすべて沖縄県、鹿児島県産のものを使用しています。

c はちみつ

花の種類で風味と色が変わります。複数の花からとれた**百花蜜**（左下）は、風味も色合いも穏やか。プレーンなお菓子に向いています。**桜の花のはちみつ**（右上）は、花の時期が短いためにとれる量が少なく、香り高さが特徴です。シヅカ洋菓子店では、季節やお菓子の種類に合わせ、さまざまな国産純粋はちみつを使い分けています。

d メープルシロップ

サトウカエデの樹液を煮詰めたもの。すっきりした甘みとキャラメルのようなコクが特徴です。採取時期の初期は色が薄く、風味も繊細。時期が進むにつれて色が濃くなり、風味も増します。シヅカ洋菓子店では、カナダ産のものを使っています。

e バター

お菓子に重厚なコクとなめらかな口溶けをもたらす大切な材料です。シヅカ洋菓子店では、食塩不使用の非発酵タイプ、北海道の生乳を原料とするものを使用しています。

f 卵

殻つきで1個50gの卵を使っています。冷蔵庫から出して常温にもどし、溶きほぐして全体を均一な状態にしてから計量しましょう。シヅカ洋菓子店では、平飼い鶏の有精卵を使用しています。

g 塩

シヅカ洋菓子店では、ゲランドの海塩の細粒タイプ（sel moulu）を使っています。国産海塩にくらべて塩けに丸みがあるのが特徴です。甘みを引き立て、甘みとコクの余韻を断つ役割があります。

h ベーキングパウダー

焼き菓子を膨らませる膨張剤。シヅカ洋菓子店では、アルミと第一リン酸カルシウム不使用のものを使用しています。

i チョコレート・
　ココアパウダー

チョコレートはカカオ分37％のミルクチョコレート（右上の上）、カカオ分66％のダークチョコレート（右上の下）、カカオ分50％のチョコレートチップ、カカオ分35％のホワイトチョコレートを使い分けています。
ココアパウダー（左下）は砂糖や添加物を含まないピュアココアを使っています。
シヅカ洋菓子店では、いずれもフェアトレードの有機カカオを原料とするものを使っています。

j ドライフルーツ

サルタナレーズン（上）やドライいちじく（下）など、シヅカ洋菓子店では、有機ドライフルーツを使っています。湯通しして汚れやほこりを取り、しっかり水けをきって使います。

k ラム酒

さとうきびを原料とする蒸留酒。お菓子作りには、ホワイトラムではなくダークラムが適しています。シヅカ洋菓子店では、香り豊かなフランスのネグリタ・ラム（アルコール分44％）を使っています。

道具と型

a 電子キッチンスケール

計量はお菓子作りの基本中の基本。材料を正確に計量することが、味と形のよさにつながります。容器の重さを引ける風袋引き機能つきの、0.1g単位ではかれるものがおすすめ。

b ボウル

材料の量に応じて大・小2サイズあると便利。生地の混合や泡立てには、大きくて深めのものが適しています。ステンレス製は丈夫で扱いやすく、耐熱ガラス製は電子レンジに対応。

c ふるい

小麦粉などの粉類をふるうほか、材料の汁けをきる、茶葉などの茎を取り除くなど、用途が広い道具です。

d ゴム（シリコン）べら

材料に空気を含ませずにさっくりと混ぜたり、気泡をつぶさないように混ぜるときに使うほか、ボウルについた生地を無駄なくすくい取るのに重宝。高温の材料には、耐熱性のシリコンべらが適しています。

e 泡立て器

材料を混ぜ合わせたり、泡立てたりするための道具。持ち手が手にしっくりなじみ、適度な重さがあるものが使いやすいでしょう。

f はけ

型に溶かしバターを塗ったり、生地に溶き卵を塗ったりするのに使います。毛が抜けにくいものを選び、使用後はよく洗って完全に乾燥させ、清潔に保管します。

g ハンドミキサー

電動の泡立て器。手で泡立てるより短時間できめ細かく泡立てることができ、メレンゲ作り（p.72）に欠かせません。低速・中速・高速の速度切り替えができるタイプが便利です。

h 絞り袋

パウンドケーキやマドレーヌの生地を型に絞り入れたり、メレンゲ（p.72）を絞り出すために使います。使い捨てのポリ袋タイプが清潔に使えて安心です。なければ厚手のポリ袋の角を切ったもので代用してもよいでしょう。

i 口金

絞り袋の先に装着する器具。レーズンサンドビスケット（p.50）には、口幅28mmの片目口金、メレンゲ（p.72）には11番（直径11mm）の丸口金を使っています。

j オーブンシート

生地が付着しにくいように表面にシリコン加工を施した耐熱性のシートです。ビスケット生地をはさんでめん棒でのばしたり、パウンドケーキ型に敷いて使います。

k めん棒

ビスケット生地の厚みを整えたり、のばしたりするのに使います。

l ルーラー

ビスケット生地を均一な厚さにのばすための道具で、5mm、7mmなど生地の厚みに合ったものを用意しましょう。生地の両脇に置いて上からめん棒を転がすことで厚さが均一になり、お菓子の仕上がりが美しくなります。

m 抜き型

ビスケット生地を抜くための道具です。この本では、直径5.5cmの菊型、直径6cmの丸型、一辺5.5cmの四角型、一辺3cmの六角型、長径6.5×短径4.5cmのオーバル菊型、6×4cmの角型を使っています。

n アルミカップ

ガレット・ブルトンヌ（p.36）を焼くときに、生地が横に膨らむのを防ぐために直径6.5×深さ2cmのものを使っています。

o パウンドケーキ型

この本では、長さ12×幅7×高さ5cmのパウンド型を使っています。そのままだと生地がつきやすいので、オーブンシートを敷きます。

p マドレーヌ型・
フィナンシェ型

マドレーヌ型（左）は貝の部分が縦6.5×横6×深さ1.5cm。フィナンシェ型（右）はのべ棒の部分が縦8×横4.5×深さ1.5cm。いずれも溶かしバターを塗ってから生地を流します。

q パレットナイフ

この本では、ガレット・ブルトンヌ（p.36）の生地をアルミカップに入れるときに使っています。刃の根元に角度がついていて生地を持ち上げやすいのが特徴です。

r シルパン

天板に敷くための、メッシュ状シリコンシート。これを敷くことでビスケットが抜いたサイズどおりに焼き上がります（横に膨らみにくくなる）。なければオーブンシートで代用してください。

栗原代奈　くりはらだいな

株式会社ディースレッド代表取締役。イギリスの老舗シューズメーカー「ジョン・ロブ」の日本法人に勤務し、ロンドンやパリでビスポーク（オーダーメイド）のメジャーリング研修を修了。帰国後間もなくしてグループ内の異動で日本のショコラティエブームの先駆け「ピエールマルコリーニ」へ。創業から20年間にわたり洋菓子の世界に携わり、その後、仲間と独立して、2021年3月に環境や人にやさしい洋菓子店をテーマにした「シヅカ洋菓子店 自然菓子研究所」をオープン。2022年4月には二号店となる銀座5丁目店をオープン。

岡部 弘　おかべひろし

シヅカ洋菓子店 自然菓子研究所シェフパティシエ。数々のホテルやパティスリーで修業を重ね、2017年にベルギーを代表するショコラティエブランド「ピエールマルコリーニ」の日本輸入代理店が展開するアトリエのシェフパティシエに就任。2021年3月からは「シヅカ洋菓子店 自然菓子研究所」のシェフパティシエとして自然菓子の研究を重ねている。

● シヅカ洋菓子店 自然菓子研究所
https://www.shizuka-labo.jp/
Instagram @shizukalabo

三田本店

東京都港区三田 5 - 4 -10
TEL　03-6381-7770
営業時間　11:00〜18:00　火曜日定休

銀座5丁目店

東京都中央区銀座 5 - 7 -10
（EXITMELSA内1Fすずらん通り沿い）
TEL　03-6280-6702
営業時間　11:00〜20:00

シヅカ洋菓子店のビスケットと焼き菓子
素材を生かした、深くやさしい味わい

2023年11月20日　第1刷発行
2024年4月15日　第3刷発行

著者　　　栗原代奈
　　　　　岡部 弘
発行者　　木下春雄
発行所　　一般社団法人 家の光協会
　　　　　〒162-8448　東京都新宿区市谷船河原町11
　　　　　電話　03-3266-9029（販売）
　　　　　　　　03-3266-9028（編集）
振替　　　00150-1-4724
印刷・製本　図書印刷株式会社

ブックデザイン　三上祥子（Vaa）
装画　　　　　　内田有美
撮影　　　　　　邑口京一郎
スタイリング　　駒井京子
取材・文　　　　美濃越かおる
校正　　　　　　安久都淳子
DTP制作　　　　天龍社

撮影協力　　　　UTUWA

この本の表紙はOKD92F、
本文用紙はμマット-Fです。